AF262332

TROISIÈME LETTRE

D'UN ÉLECTEUR DE PARIS

A QUELQUES

ÉLECTEURS DE DÉPARTEMENT.

SAINT-DENIS. IMPRIMERIE DE CONSTANT-CHANTPIE,
Rue de Paris, n. 18.

TROISIÈME LETTRE

D'UN ELECTEUR DE PARIS

A QUELQUES

ÉLECTEURS DE DÉPARTEMENT,

SUR

LES RÉUNIONS, LES SÉANCES, LES DISCOURS ET LES VOTES

DES MEMBRES

DE LA CHAMBRE DES DÉPUTÉS.

Si la France le savait!.....

PARIS.

CHEZ LEROSEY, LIBRAIRE, PALAIS-ROYAL,

GALERIE VITRÉE, N° 216, VIS-A-VIS CHEVET.

LEVAVASSEUR, LIBRAIRE, PALAIS-ROYAL.

—

1829.

TROISIÈME LETTRE

D'UN ÉLECTEUR DE PARIS

A QUELQUES

ELECTEURS DE DÉPARTEMENT.

On en vaut mieux quand on est regardé,

a dit Voltaire. Tout le monde regardait l'honorable député de
l'Aube; je l'en ai averti : en vaut-il moins? Deux fois dans la
même séance, faisant un généreux effort, M. Casimir Perrier
s'est montré tel que nous l'avons toujours connu : son discours sur
les libéralités du ministère envers l'Espagne, et sa réplique à
M. Roy, ont bien le caractère de franche, loyale et vive opposition, qui l'a placé si haut dans l'estime de ses compatriotes et
des étrangers. Les traces visibles de la longue indisposition de
l'orateur, sa voix encore sensiblement altérée, justifiaient
complétement le silence qu'il gardait depuis deux ans. C'est
avec peine qu'après la séance, je l'ai vu pâle, haletant, mar-
chant d'un pas mal affermi; mais c'est avec joie que je l'ai
entendu repousser comme un outrage, le soupçon d'avoir écouté
les conseils d'une ambition vulgaire, car aujourd'hui qui n'aspire à l'honneur de devenir un des conseils responsables de la
couronne? Judicieux appréciateur de la position où l'ont élevé
sa fortune, ses talens et ses vertus civiques, M. Casimir Perrier
reconnaît que son entrée au ministère ne peut être que la con-
séquence et le signal de l'invasion des principes constitutionnels
dans l'administration de l'état. C'est poussés par le flot de l'opinion et lancés par la même vague, que lui et ses honorables amis
doivent à la fois et de compagnie aborder cette grande île du
pouvoir, pour établir entre elle et le pays des communications
nombreuses, faciles, promptes, qui dissipent toutes les inquié-

tudes et fassent la sécurité de tous, aussi bien au dedans qu'au dehors. Ainsi le journal de *la France nouvelle* expliquait nettement ma pensée, lorsqu'il disait : « L'électeur de Paris n'a aucune- » ment prétendu, *ainsi qu'on fait semblant de le croire*, que l'a- » vénement au pouvoir des députés de la gauche soit une chose » fâcheuse en elle-même ; et en effet, qui ne sait que dans un » gouvernement véritablement constitutionnel, tous les efforts » des vrais amis de la liberté doivent tendre à placer la direc- » tion des affaires dans les mains des hommes qui comprennent » l'esprit des institutions? Qui ne sait que la force des choses » doit faire sortir tôt ou tard le ministère du côté gauche? Qui » de nous n'appelle cet heureux moment de ses vœux? *Mais c'est* » *le côté gauche avec toutes ses doctrines que nous voulons voir* » *arriver au ministère*, et non des hommes qui oublient, pour » saisir un portefeuille, et leurs alliances, et les principes pour » lesquels ils ont combattu » (1).

Jusqu'à ce que les temps de la Charte soient entièrement venus, la prudence ordonne aux hommes constitutionnels de se tenir à l'écart ; de laisser nos absolutistes tenter tour à tour, à leurs périls et aux risques de qui de droit, le projet ridicule et vain d'établir l'arbitraire au nom des lois : ces tentatives n'ont pas seulement l'avantage d'user les petites renommées de nos grands politiques ; elles usent aussi toutes les déloyautés, et achèvent de dissiper la chimère hypocrite qu'elles poursuivent tout en feignant de lui tourner le dos.

Dans la question du cumul, soulevée par l'honorable député Cormenin, et lorsque le moment de voter sur l'amendement de M. Chauvelin est venu, deux épreuves ont été jugées douteuses par le président et les secrétaires de la chambre, tant le partage entre les opinions manifestées était égal : les votans étaient sous les yeux du public ; avec le bureau les spectateurs comptaient et nommaient les députés debout et les députés assis. Mais dans le vote secret, les boules échappent à la vue ; tel qui s'était levé

---

(1) Nouveau Journal de Paris, n° 700.

pour l'amendement parce qu'il était regardé, a déposé dans l'urne son vote noir, parce qu'on ne voyait pas ce que renfermait sa main traîtresse, et l'équilibre établi sur les bancs a été rompu dans l'urne par une majorité de soixante et dix-sept voix !... et 77 membres étaient absens ! il n'y en avait que 353 à la séance.

Avant de vous récrier contre ce coup de bascule, examinez de quels élémens la chambre élective se compose ; voyez quels intérêts y comptent le plus de représentans, et jugez par le nombre de ceux qui ont répondu à l'appel nominal, combien notre cause avait de déserteurs au moment du combat.

Dans la chambre des députés :

L'administration comptait 5 ministres ayant département et 2 ministres d'état ; 7 directeurs généraux ; 27 conseillers d'état et 6 maîtres des requêtes ; 11 préfets maintenant employés et 12 anciens préfets ; 1 secrétaire-général de préfecture et 7 sous-préfets ; 8 conseillers de préfecture et 118 membres des conseils-généraux ; 11 conseillers d'arrondissement ; 53 maires ; 5 adjoints et 1 membre de conseil municipal ; 3 administrateurs et 1 conservateur des eaux et forêts ; 1 inspecteur-général des haras ; 4 ingénieurs des ponts et chaussées ; et le directeur de la monnaie des médailles. Total : 99 administrateurs salariés et 189 sans salaires.

La magistrature y est représentée par 1 président et 4 conseillers à la Cour de cassation ; 10 présidens et 13 conseillers de Cour royale ; 2 présidens et 2 juges de première instance ; 1 juge de paix et 2 anciens magistrats. (Total 34). — Le parquet, par 2 avocats-généraux, 5 procureurs-généraux et 1 ancien procureur du roi. Le barreau, par 10 avocats et 1 avoué ;

Le notariat, par un ancien notaire ;

Les finances, par 8 receveurs-généraux ou particuliers, ou caissiers ; par 1 membre de la Cour des comptes et 1 ancien payeur ; (M. de Bully).

L'armée de terre, par 12 lieutenans-généraux ; 17 maréchaux-de-camp ; 9 colonels ; 20 chefs de bataillon ou d'escadron ; 1 intendant et 2 sous-intendans militaires ; (Total 61.)

L'armée de mer, par 1 vice-amiral, 2 contre-amiraux, et 2 membres du conseil de l'amirauté;

Les sciences et les lettres, par 6 membres de l'Institut et 3 médecins; .

La banque, par 7 banquiers et 1 ancien agent-de-change;

L'industrie, par 8 manufacturiers et 8 maîtres de forges;

Le commerce, par 29 négocians;

L'agriculture, par 1 président de société d'agriculture et 30 propriétaires qui n'ont ni titres ni emplois connus;

La maison militaire du roi, par 1 aide-de-camp de S. M. et 1 sous-lieutenant des gardes-du-corps; —La maison civile du roi, par 8 gentilshommes honoraires et 1 intendant honoraire (M. de Laboulaye);

Le corps diplomatique, par 3 anciens ambassadeurs ;

La noblesse enfin, par 1 duc, 26 marquis, 63 comtes, 28 vicomtes, 54 barons et 6 chevaliers. (Total 176.)

Ainsi, sur les 430 membres de la chambre, la moitié reçoit, à des titres quelconques, un traitement avoué.

Si le choix de tant de fonctionnaires publics pour représenter et défendre les intérêts du pays, est un tort dont les contribuables éprouvent le préjudice, ne l'imputez qu'à vous-même et dans l'avenir corrigez votre erreur.

Il en est un autre plus grave et qui vous appartient tout entier : écoutez.

La vanité est proprement le mal français, a dit notre moraliste Jean Lafontaine. La vanité pure n'est qu'un ridicule; la vanité intéressée est un vice : ce ver rongeur des vertus publiques, nous le portons tous sous notre bonnet. Ce n'est point pour servir notre pays et nos concitoyens que nous briguons les emplois, c'est pour être salués et surtout salariés. Un pauvre député n'est que le fondé de pouvoirs de toutes les vanités et de toutes les avidités de son département : il est élu moins pour voter que pour solliciter. Sous peine d'être réputé infidèle à son mandat et de ne plus obtenir vos suffrages, il faut qu'il passe sa matinée dans les bureaux des ministères et sa soirée dans les salons des ministres. Du matin au soir vous mettez sa vertu aux prises avec toutes les séductions. Voulez-vous, quand il demande, qu'il conserve un air rébarbatif et ne réponde pas à des grâces par des gracieusetés? Service pour service ; on lui donne, c'est bien le moins qu'il promette, et quand il promet toujours, c'est aussi bien le moins qu'il tienne quelquefois.

Pour ceux dont l'assis et le levé, la boule noire et la boule blanche, composent toutes les fonctions législatives, il peut y avoir des momens de repos et des heures de loisir dans le cours d'une session de six mois; mais pour les députés qui travaillent dans les commissions ou prennent part aux débats de la chambre, les sessions sont un temps d'esclavage et d'abstinence. Avant la séance il leur faut examiner, méditer, digérer la matière des discours; après la séance, à peine un court repas a-t-il réparé leurs forces épuisées, que besoin est pour les orateurs de courir dans les bureaux des journalistes, afin de s'assurer de la fidélité des sténographes ; car les erreurs sont presqu'inévitables dans un travail si rapide. Et puis, obtenir une part plus ou moins grande de ces étroites colonnes; faire retentir pendant plus ou moins de temps les sonores échos de la tribune, n'est pas un soin au-dessous de la dignité de vos mandataires. Quelle autre récompense obtiennent les députés demeurés purs de traitemens et de pensions, ou de ces subventions secrètes dont il a été touché quelques mots à M. Pas-de-Beaulieu? Quelle ambition plus noble que celle qui n'aspire qu'aux applaudissemens de la France reconnaissante?

Imitez un si généreux exemple, et contribuez par le vôtre à purger le sol de notre belle patrie de la lèpre de ces mendians de places et d'appointemens qui le couvrent et le rongent.

CUMULS. — CUMULARDS.

La duchesse de Tallard avait attiré chez elle le fameux banquier Samuel Bernard. Après quelques lieux communs, la noble fille du prince de Soubise prend les cartes, les présente à madame de Brissac et à la jeune Flamarens : la partie sera bonne pour vous, lui dit-elle, *j'aurai l'œil à tout* ; prenez bien vite. — Ber-

nard tient tout; voilà sa bourse vide en quelques tours de brelan.
— « Vous n'avez eu que l'argent du gousset; j'en ai davantage à
votre service dans ma veste, dit Samuel. » A peine a-t-il prononcé ces mots qu'il en retire sa main gauche pleine de rouleaux,
les pose sur la table, et plonge son autre main dans la gorge de
madame de Flamarens en lui disant : « Ma belle, qu'en pensez-
vous ? Và tout ! » Chacun quitte sa place; on entoure M. Bernard;
on veut le voir et *profiter de l'occasion* ; c'est à qui fera *và tout*.
Bernard, enivré de son succès, n'entend plus rien, ne sait ce qu'il
fait, et dans cinq minutes on ne lui laisse pas un écu. (Voyez
les tableaux de genre et d'histoire publiés par M. Barrière.)

La bourse, le gousset, les poches de Samuel Bernard, ce sont
les poches, le gousset, la bourse des contribuables; les chambres
à chaque session font *và tout*, et les mains qui d'une session à
l'autre ne laissent pas un écu dans les coffres de l'état, ce sont les
grandes mains de ces messieurs et les belles mains de ces dames.
Toute la différence, c'est que la duchesse de Tallard se vantait
d'avoir pillé Samuel, et que nos chevaliers et leurs nobles com-
pagnes crient à la révolution, aussitôt qu'un fidèle gardien de
la fortune publique évente leur approche. Si demander sans cesse
et prendre de toutes mains n'a rien en soi de reprochable et de
dérogeant, pourquoi cette fâcherie? N'est-ce pas imiter ce fier
gueux qui, aux portes de Madrid, recevant d'un passant le cha-
ritable avis que travailler était plus honorable que mendier, ré-
pondit en tournant le dos, avec toute la gravité castillane :
c'est de l'argent et non des conseils que je demande.

La profession la plus générale est celle des mendians; M. de
Belleyme, s'il fut resté préfet de police, serait peut-être par-
venu à nettoyer les rues et les carrefours des mendians en
guenilles; mais le roi et les deux chambres n'ont point assez de
puissance pour purger l'administration de la France de ces mendians dorés, brodés, empanachés, tonsurés, qui habitent les
châteaux, les hôtels, les palais et qui courent en brillant équi-
page, tendre la main partout où il y a recette et distribution d'argent. C'est donc moins pour la correction des accapareurs d'emplois et des collecteurs d'appointemens que pour votre instruc-

tion, qu'ont été dressées les listes que vous allez lire ; elles sont extraites d'un travail assez vaguement indiqué par M. Humann, rapporteur de la commission du budget ; travail qui paraît avoir été consulté avec plus de soin et de fruit par M. Cormenin. Il est intitulé : ÉTAT *des traitemens, supplémens et pensions cumulés en 1827, par les mêmes fonctionnaires publics, et qui ont paru à la Cour des comptes n'avoir pas subi les réductions prescrites par les lois de finances des années* 1816 , 1817 et 1818. Vous con—cevez, qu'en 1829 les choses ne sont pas exactement dans le même état qu'en 1827.

MILITAIRES DONT LES CUMULS SONT CONNUS EN TOTALITÉ OU EN PARTIE.

M. le Général Coutard , Député , reçoit : comme Lieutenant-général, 15,000 fr. ; comme Commandant de la 1re division militaire, 36,000 fr. ; à titre d'indemnités, 3,060 fr. ; sur les fonds de la ville, *pour entretien de son mobilier,* 6,000 fr. : total, 60,060 fr.

M. Poitevin, Comte de Mareillan, reçoit : comme Lieutenant-général, 15,000 fr. ; pour solde et pour indemnités, 4,032 fr. ; et comme Commissaire du roi pour la démarcation des lignes du Nord, 18,000 fr. : Total , 37,032 fr.

M. le Comte Rogniat reçoit : comme Président du comité des fortifications, 10,000 fr. ; comme Lieutenant-général, 15,000 fr. ; pour indemnités, 4,080 fr. : Total, 29,080 fr.

M. le Comte Vallé reçoit : comme Lieutenant-général, 15,000 francs ; pour indemnités, 4,080 fr. ; comme Président du comité, d'artillerie, 10,000 fr. : Total , 29,080 fr.

M. le Comte Dupont reçoit : comme Lieutenant-général , 15,000 fr. ; comme Membre de la commission des émigrés, 6,000 fr. ; comme Gouverneur de la 5e division militaire, 5,000 francs : Total , 26,000 fr.

M. le Comte Wal reçoit : comme Maréchal de camp, 10,000 francs, et 2,040 fr. d'indemnités ; comme Commandant de la place de Paris, 18,000 fr. , et sur les fonds de la ville, 4,000 fr. : Total, 34,040.

M. le Vicomte Pailhou reçoit, comme Maréchal-de-camp, 10,000 fr. ; comme Sous-Gouverneur de l'école Polytechnique, 12,000 fr.; à titre d'indemnités diverses, 6,440 fr. : Total, 28,640 francs.

M. le Baron de Gady reçoit, comme Maréchal-de-Camp, 10,000 fr., et en outre, comme Officier suisse, 8,000 fr.; indemnités comme maréchal de camp, 2,040 fr., et comme officier suisse un supplément de 1,200 fr.; plus, comme Colonel Général, 6,000 francs : Total, 29,080 fr.

M. de Vérigny reçoit, comme Maréchal-de-Camp, 10,000 fr., et comme indemnités et frais pour la carte de France, 11,640 fr. : Total 21,640 fr.

M. de Saint-Marc reçoit, comme Maréchal-de-Camp, 8,000 francs; comme Secrétaire-général de la Chancellerie de la Légion-d'Honneur, 10,000 fr. ; à titre d'indemnités sur les fonds de la Légion-d'Honneur, 3,000 fr. : Total 21,000 fr.

M. Cotty reçoit, comme Maréchal de camp, 10,000 fr., et comme Chef de bureau, 6,500 fr.

M. Boudrand reçoit, comme Maréchal de camp, 10,000 fr., et comme Chef du bureau du génie, 6,500 fr.

M. Galifet reçoit, comme Colonel, 6000 fr., comme Membre de la commission de Saint-Domingue, 12,000 fr.

ADMINISTRATEURS MILITAIRES.

M. Thirat-de-Saint-Aignan reçoit, comme Intendant militaire, 10,000 fr., comme Directeur au ministère de la guerre, 12,000 fr. ; comme Maître des requêtes, 3,000 fr. ; comme Rapporteur à la commission des Émigrés, 3,000 fr. : Total 28,000 fr.

M. Robinet reçoit, comme Intendant militaire, 10,000 fr. ; à titre d'indemnités, 11,520 fr., et sur les fonds des Invalides, 6,000 fr. Total, 27,520 fr.

M. Mazoïer reçoit, comme Sous-Intendant militaire, 5,000 fr. : comme Chef de bureau au ministère de la guerre, 5000 fr. ; comme Maître des requêtes, 3,000 fr. ; comme Rapporteur à la commission des Émigrés, 3,000 fr. : Total 16,000 fr.

MARINS QUI CUMULENT.

1° Comme Vice-amiral, 15,000 fr.; 2° comme membre du conseil de l'amirauté, 15,000 fr. : M. Missiessy reçoit 30,000 fr.

1° Comme Vice-amiral, 15,000 fr. ; 2° comme Membre du conseil de l'amirauté, 15,000 fr. : M Gourdon reçoit 30,000 fr.

1° Comme Vice-amiral, 15,000 fr.; 2° comme Membre du conseil de l'amirauté, 15,000 fr. : M. Daugier reçoit 30,000 fr.

1° Comme Contre-amiral, 10,000 fr.; 2° comme Membre du conseil de l'amirauté, 14,000 francs : M. Roussin reçoit 24,000 fr.

1° Comme Contre-amiral, 10,000; 2° comme Membre du conseil de l'amirauté : 14,000 fr., M. de Viella reçoit 24,000 fr.

1° Comme Commissaire de marine, 12,000 fr. ; 2° comme Membre du conseil de l'amirauté, 12,000 fr. : M. de Richemont reçoit 24,000 fr.

1° Comme Vice-amiral, 15000 fr. ; 2° comme Directeur du personnel au ministère de la marine, 9,000 fr. : M. Halgan reçoit 24,000 fr.

1° Comme Capitaine de vaisseau, 4,500 fr. ; 2° comme Membre du conseil de l'amirauté, 6,900 fr. : M. Fleuriau reçoit 11,400 fr.

1° Comme Vice-amiral, 15,000 fr.; 2° comme Membre du bureau des longitudes, 5,000 fr. : M. Rosily reçoit 20,000 fr.

1° Comme Contre-amiral, 12,000 fr. ; 2° comme Membre du bureau de longitudes, 5,000 fr. : M. Russel reçoit 17,000 fr.

1° Comme Ingénieur, 7,000 fr. ; 2° comme Membre du bureau des longitudes, 5,000 fr. : M. Bontems reçoit 12,000 fr.

SAVANS QUI CUMULENT.

1° Comme Conseiller-d'État, 16,000 fr.; 2° comme Conseiller de l'Université, 12,000 fr. ; 3° comme Secrétaire perpétuel de l'Académie des Sciences, 7,200 fr. ; 4° comme Professeur au Jardin du Roi, 5,000 fr. ; 5° comme Professeur au collége de France, 5,000 fr. : M. le Baron Cuvier reçoit 45,200 fr.

1° Comme Professeur de l'école Polytechnique, 12,000 fr., et à titre d'indemnité 1,500 fr.; 2° comme Membre du collége de France, 6,000 fr.; 3° comme membre du comité consultatif des arts, 4,000 fr. : M. Thénard reçoit 23,500 fr.

1° Comme Conseiller de l'Université, 12,000 fr.; 2° comme Examinateur de l'école Polytechnique, 6,000 fr.; 3° comme Membre du bureau des longitudes, 5,000 fr. : M. Poisson reçoit 23,000 fr.

1° Comme Inspecteur-général des Ponts et Chaussées, 12,000 francs; 2° comme Examinateur à l'école Polytechnique, 6,000 fr.; 3° comme Membre du bureau des longitudes, 5,000 fr. : M. de Prony reçoit 23,000 fr.

1° Comme Conseiller de l'Université, 12,000 fr.; 2° comme Substitut du procureur du Roi, 8,000 fr. : M. Rendu reçoit 20,000 francs.

1° Comme Professeur de mécanique à l'école des Arts, 5,000 francs; 2° comme Ingénieur de la marine, 4,200 fr.; 3° supplément de traitement, 1,400 fr; 4° comme Membre du bureau consultatif des arts, 2,400 fr.; 5° comme indemnité à raison de 900 fr. par trimestre, 3,600 fr.; 6° pour supplément d'indemnité 1,800 fr. (Les supplémens sont accordés en raison du séjour à Paris.) M. Charles Dupin reçoit 18,400 fr.

1° Comme Administrateur de l'école Polytechnique, 10,000 fr.; 2° comme Professeur au collége de France, 5,000 fr. : M. Binet reçoit 15,000 fr.

1° Comme Conservateur à la bibliothèque, 6,000 fr.; 2° comme Secrétaire perpétuel de l'Académie des inscriptions et belles lettres, 6,000 fr.; 3° comme Membre de la commission de l'Histoire littéraire, 2,400 fr. : M. Dacier reçoit 14,400 fr.

1° Comme Inspecteur divisionnaire des mines, 8,000 francs; 2° comme Professeur au Jardin du Roi, 5,000 fr. : M. Cordier reçoit 13,000 fr.

1° Comme Professeur de l'école Polytechnique, 5,000 francs; 2° comme Membre du comité consultatif des poudres, 4,000 fr.; 3° comme Membre du comité des arts, 2,000 fr. : M. Gay-Lussac reçoit 11,000 fr.

1° Comme Conservateur à la bibliothèque du roi, 6,000 francs; 2° comme Professeur d'archéologie, 5,000 fr. : M. Raoul-Rochette reçoit 11,000 fr.

1° Comme Conservateur à la bibliothèque, 6,000 fr.; 2° comme Professeur au collége de France, 5,000 fr. : M. Abel Remusat reçoit 11,000 fr.

1° Comme Membre du bureau des longitudes, 5,000 fr.; 2° comme Professeur à l'école Polytechnique, 5,000 fr. : M. Arago reçoit 10,000 fr.

1° Comme Professeur à l'école Polytechnique, 5,000 fr.; 2° comme Professeur au collége de France, 5,000 fr. : M. Ampère reçoit 10,000 fr.

1° Comme Professeur au collége de France, 5,000 fr; 2° comme Professeur à l'école Polytechnique, 5,000 fr. : M. Biot reçoit 10,000 fr.

1° Comme Professeur au Jardin du Roi, 5,000 fr. ; 2° comme Professeur au collége de France, 5,000 fr. : M. Portal reçoit 10,000 fr.

1° Comme Professeur au collége de France, 5,000 fr.; comme Professeur des langues orientales, 5,000 fr. : M. Silvestre de Sacy reçoit 10,000 fr.

1° Comme Professeur des langues orientales, 5,000 francs ; 2° comme Professeur au collége de France, 5,000 fr. : M. de Chézy reçoit 10,000 fr.

1° Comme Professeur au collége de France, 5,000 fr. ; 2° comme Professeur des langues orientales, 5,000 fr. : M. Caussin de Perseval reçoit 10,000 fr.

1° Comme Professeur à l'école Polytechnique, 5,000 francs; 2° comme Professeur à l'école d'Alfort, 4,000 fr. : M. Dulong reçoit 9,000 fr.

1° Comme Directeur de l'école des arts et métiers, 6,000 fr. ; 2° comme Commissaire expert du bureau consultatif des arts, 3,000 fr. : M. Christian reçoit 9,000 fr.

CHAMBRE DES PAIRS.

INDEMNITÉS, DOTATIONS, TRAITEMENS.

Pour qui n'est pas poète, appeler un chat un chat est une haute témérité; on ne sait plus où trouver les noms pour désigner les personnes, et les mots pour caractériser les choses : tout le monde ne parle pas à la tribune et n'est pas en position de dire , comme M. Dupin : « S'il s'agit d'une dette rigoureuse, cela de notre part s'appellera payer ; si c'est une libéralité, il faut que la chose en retienne le nom. »

Dans la discussion sur la dotation de la pairie, il a été prononcé des paroles inquiétantes sur la position des membres de la chambre héréditaire. Je connais de bonnes âmes, encore tout occupées de la recherche des moyens de venir au secours de quelques dignités défaillantes. C'est pour les rassurer que je vais transcrire ce passage de la *Revue de Paris* : «Une moitié des sages de la pairie est appuyée naturellement sur cette base de fortune, jugée nécessaire à leur dignité et à leur perpétuité. D'autres causes ont pu conférer les mêmes avantages à d'autres pairies , et étendre ainsi l'accomplissement de la loi à la presque totalité du cadre de 335 , dont le corps entier se compose actuellement. En récapitulant les éventualités suivantes, favorables surtout à la *Classe historique*, dont la révolution a enrichi le livre nouveau de la pairie, on arrivera à la connaissance entière de son état actuel ·

1º Restitution des biens vendus sous l'empire, et surtout par la loi du mois de décembre 1814;

2º Prêts faits aux princes pendant l'émigration : fonds de 30 millions fait en 1814, pour l'extinction de leurs dettes : sur ce fonds Mme de Staël a touché plus d'un million, qui est passé à sa fille , Mme la duchesse de Broglie;

3º Un tiers à peu près des familles revêtues de la pairie ont part à l'indemnité du milliard; 87 membres de la portion aristocratique figurent déjà sur la liste, dans la proportion de 2 à 300,000 fr. ; et dix à douze seulement au-dessous de 100,000 fr. La liquidation n'étant pas finie, il reste beaucoup d'additions à faire à cette liste.

4° Une foule de familles sont entrées dans la chambre des pairs par la porte du Sénat. L'Empire n'a rien laissé à faire pour les 48 siéges de pairie, sortis de la rassurante origine d'un sénat qui a dû au moins être conservateur.

5° La création de 62 pairs, qui datent du ministère de M. de Cazes, contient, en partie, les grandes existences et les élémens aristocratiques que la fortune peut donner, légués par les quatre premiers lustres du siècle.

6° La création de 76 pairs accomplie par le dernier ministère, entée sur des relations et des supériorités de province, présente, sous le point de vue de la propriété et de la richesse, des conditions généralement suffisantes de transmissions héréditaires. En majorité, elle appartenait de fait à cette partie, peu éclatante de la noblesse ancienne, qui a *conservé ou retrouvé ses biens*, et qui dans son dévouement, de bonne heure sédentaire, n'a guère combattu que depuis 1814, dans les conseils généraux.»

A toutes ces considérations, si propres à rassurer la génération actuelle sur le sort de nos familles patriciennes ; aux châteaux et aux hôtels, aux terres et aux usines, aux rentes et aux intérêts de capitaux, aux bénéfices du commerce et de l'industrie, aux pensions et aux gratifications, tant patentes que secrètes, il faut ajouter, pour MM.

Le Marquis d'Aligre, 228,570 fr. d'indemnité sur le milliard.

Le Vicomte d'Aubray, sur le milliard, une indemnité de 375,546 fr.

Le Comte d'Ambrugeac, 49,382 fr. d'indemnité sur le milliard ; 15,000 fr. comme Lieutenant-général ; et une dotation de 12,000 fr. comme Pair.

Le Comte d'Audigné, une dotation de 12,000 fr. et son traitement de Lieutenant-général.

2

Le Comte d'Audlau , 10,000 fr. comme Maréchal-de-camp.

Le Marquis d'Angosse, 138,150 fr. d'indemnité sur le milliard.

Le Marquis d'Aragon une dotation de 12,000 fr.

Le prince d'Aremberg, 579,716 fr. d'indemnité sur le milliard.

Le Comte d'Argout, une dotation de 12,000 fr. ; sur le milliard d'indemnité, 11,418 fr. ; le traitement de Maréchal-de-camp et le traitement de Conseiller d'État en service ordinaire , c'est-à-dire 16,000 fr.

Le Duc d'Aumont, comme Pair une dotation de 15,000 fr. ; comme Lieutenant-général en retraite et gouverneur de la 8e division militaire 10,000 fr. ; comme premier Gentilhomme de chambre du roi 40,000 fr.

Le Comte d'Autichamp, son traitement de Lieutenant-général ; celui de Gouverneur du Louvre ; une dotation de 12,000 fr. ; et 58,000 fr. , reçus à-compte sur le milliard, à madame la Comtesse d'Autichamp.

Le duc d'Avaray. Son traitement de Gouverneur de la 19e division militaire, et un à-compte de 175,000 fr. sur le milliard d'indemnité.

Le Baron de Barente, Membre de l'Académie française, une dotation de 12,000 fr.

Le Marquis Barthélemy , 12,000 fr. comme Ministre d'État.

Le prince de Beaufremont. Son traitement de Lieutenant-colonel, Aide-de-camp de S. A. R. le duc de Bordeaux.

Le marquis de Beaurepaire, 50,000 fr. sur le milliard d'indemnité.

Le Comte Bellzer , son traitement de Lieutenant-général.

Le Comte Belliard , son traitement de Lieutenant-général et une dotation de 10,000 fr.

Le Duc de Bellune, 40.000 fr. comme Maréchal de France ; 40,000 fr. comme Major-général de la garde royale ; le traitement de Gouverneur de la 16e division militaire ; le traitement d'ancien Ministre.

Le Marquis de Béthisy , une dotation de 12,000 fr.

Le Baron de Beurnonville , le traitement de Maréchal-de-camp et celui d'Aide-de-camp du Dauphin.

Le Duc de Blacas, 40,000 fr. comme premier Gentilhomme; le traitement d'Ambassadeur; 241,000 fr. formant, jusqu'à ce jour, la portion de madame la Duchesse de Blacas dans la répartition du milliard.

Le Marquis de Boisgelin, le traitement de Maréchal-de-camp et celui de Major des gardes-du-corps.

Le Marquis de Boissy, une indemnité de 228,571 francs sur le milliard.

M. le Vicomte de Bonald, de l'Académie française, 10,000 comme Ministre d'État; une dotation de 12,000 fr.

Le Marquis de Bonnay, comme Pair une dotation de 12,000 francs.

Le Comte Bordesoulte, 31,610 fr. comme Lieutenant-général dans la garde royale; 15,000 fr. indemnités comprises, comme Gouverneur de l'école Polytechnique; 10,000 fr. comme menin du Dauphin; 12,000 fr. de dotation comme Pair de France.

Le Comte de Bouillé, une dotation de 10,000 fr.; le traitement de Maréchal-de-camp; le traitement d'Aide-de-camp du roi.

Le Comte de Bourbon-Musset, le traitement de Lieutenant-général.

Le Comte de Bourmont, 31,610 fr. comme Lieutenant-général dans la garde royale; 106,871 fr. 87 centimes, sur le milliard d'indemnité; une dotation de 12,000 fr. et le traitement de Ministre.

Le Comte Bourke, son traitement de Lieutenant-général.

Le Comte Brault, ses traitemens d'Archevêque d'Alby, plus, une pension de 10,000 fr. comme Pair ecclésiastique.

Le Marquis de Brezé, le traitement de Grand-Maître des cérémonies de France; une dotation de 6,000 fr. comme Pair; et sur le milliard une indemnité de 436,287 fr.

Le duc de Brissac, 12,000 fr. comme Ministre d'État.

Le duc de Broglie; on a vu plus haut, que, par sa mère, madame la duchesse de Broglie a eu plus d'un million sur les trente accordés pour le paiement des dettes des princes.

Le Marquis de Calvières, 225,000 fr. sur le milliard.

Le Duc de Caraman , une dotation de 13,000 fr.

Le Comte de Caraman , son traitement de Maréchal-de-camp.

Le Vicomte de Castelbajac, une dotation de 12,000 fr.

Le Comte de Castellane, une dotation de 10,000 fr.

Le Duc de Castries, une dotation de 12,000 ; le traitement d'Officier-général Gouverneur du château de Meudon, et 402,000 francs sur le milliard.

Le Comte de Cayla , une dotation de 10,000 fr.

Le Duc de Caylan , une part du milliard d'indemnité s'élevant déjà à 456,681 fr.

Le Marquis de Chabannes , une dotation de 10,000 fr.

Le Comte de Chabons , ses traitemens comme Évêque d'A-miens et comme premier Aumônier de Madame , Duchesse de Berry.

Le Comte de Chabrol (Crousol), comme Ministre 120,000 fr. ; comme Pair une dotation de 12,000 fr.

Le Prince Duc de Chalais, sur le milliard d'indemnité , pour la Princesse et pour lui, 1,610,312 fr.

Le Baron Charrette, une dotation de 12,000 fr., et sur le milliard une indemnité de 7,616 fr. 71 centimes.

Le Comte de Chastellux, ses traitemens de Maréchal-de-camp et de Gentilhomme de la chambre (6,000 fr.); et sur le milliard d'indemnité 86,000 fr.

Le Vicomte de Châteaubriand, de l'Académie française, son traitement d'Ambassadeur et une dotation de 12,000 fr.

Le Comte de Cheverus , son traitement d'Archevêque de Bordeaux.

Le Vicomte Chifflet, une indemnité de 497,135 francs sur le milliard.

Le Duc de Choiseuil , une indemnité de 1,881,042 fr. sur le milliard.

Le Comte de Choiseuil-Gouffier , une dotation de 12,000 fr. comme Pair

Le comte Claparède, 15,000 fr. comme Lieutenant-général ; 10,806 fr. comme Inspecteur d'infanterie de la première division; 5,000 fr. comme Gouverneur du château de Strasbourg, et comme pair une dotation de 15,000 fr.

Le Cardinal duc de Clermont-Tonnerre, ses traitemens de Cardinal et d'Archevêque de Toulouse.

Le duc de Clermont-Tonnerre, son traitement de Maréchal-de-camp.

Le marquis de Clermont-Tonnerre, son traitement de Lieutenant-général; 12,000 fr. comme Ministre en retraite; une dotation de 12,000 fr.

Le duc de Coigny, son traitement de Colonel, Aide-de-camp du duc de Bordeaux.

Le marquis de Coislin, 326,474 fr. pour lui, et 106,760 fr. pour la Marquise, sur le milliard.

Le Comte Compans, son traitement de Lieutenant-général.

Le Duc de Conégliano, ses traitemens de Maréchal de France 40,000 fr., et de Gouverneur de la 9e division militaire; plus une dotation de 10,000 fr. comme pair.

Le Marquis de Conflans, ses traitemens de Maréchal-de-camp, d'Aide-de-camp du Roi et de premier Écuyer de madame la Dauphine.

Le Comte de Contades, une indemnité de 95,511 fr. sur le milliard.

Le Comte Corbière, 12,000 fr. comme Ministre d'état en retraite.

Le Marquis de Courtarvel, une indemnité de 58,237 fr. sur le milliard.

Le Comte de Courtarvel, une indemnité de 60,441 fr. sur le milliard.

Le Duc de Crillon, son traitement de Maréchal-de-camp.

Le Cardinal Prince de Croy, ses traitemens de Cardinal, Archevêque de Rouen, de Grand-Aumônier, de Chef et Princier de chapitre de St-Denis, s'élevant ensemble à plus de 200,000 fr.

Le Duc de Dalmatie, 40,000 fr. comme Maréchal de France.

Le Baron de Damas, ses traitemens de Lieutenant-général, de Ministre en retraite, de Menin du Dauphin, de Gouverneur du Duc de Bordeaux, et une indemnité de 111,000 f. sur le milliard.

Le Duc de Damas-Crux, son traitement de premier Menin du Dauphin, de Lieutenant-général Gouverneur de la 2e division militaire; une dotation de 10,000 fr. comme Pair, et une indemnité de 55,000 fr. sur le milliard.

Le Comte Daru, de l'Académie française, 18,000 fr. comme Intendant-général de l'armée en disponibilité.

Le duc Decazes, 12,000 fr. comme Ministre en retraite, et comme Membre de la commission du Sceau.

De Hédouville, sa pension de Lieutenant-général.

Le Comte Dejean, son traitement de Lieutenant-général.

Le Comte Desèze, son traitement de premier président.

Le Marquis Desmoustiers de Merinville, une indemnité de 801,000 fr. sur le milliard.

Le Vicomte Digéon, une dotation de 10,000 fr.

Le Comte de Divouac, son traitement de Maréchal-de-camp.

Le Vicomte Dode de la Brunerie, ses traitemens de Lieutenant-général, membre du Conseil supérieur de la guerre et d'Inspecteur-général des fortifications, et comme Pair une dotation de 12,000 fr.

Le Duc de Doudeauville, ministre d'État, une indemnité de 362,000 fr. sur le milliard.

Le Comte Dubot-Deru, une indemnité de 217,000 fr. sur le milliard.

Le Vicomte Dubouchage, ses pensions, et comme Pair une dotation de 12,000 fr.

Le Baron Dubreton, son traitement de Lieutenant-général, et une dotation de 12,000 fr. comme Pair de France.

Le Duc de Duras, 40,000 fr. comme premier Gentilhomme de la Chambre du Roi, son traitement de Maréchal-de-camp, et sa dotation de 12,000 fr. comme Pair.

Le Duc de Durfort, ses traitemens comme Lieutenant-général, Gouverneur de la 6ᵉ division militaire, Gouverneur du château de Rambouillet, et comme Pair, une dotation de 15,000 fr.

Le Marquis d'Ecquevilly, une dotation de 15,000 fr. comme Pair.

Le Comte Ruzé-d'Effiat, une indemnité de 152,000 fr. sur le milliard.

. Le Duc d'Escars, ses traitemens de Lieutenant-général, de Menin du Dauphin, une dotation de pair de 12,000 fr., et une indemnité de 245,000 fr. comme émigré.

Le Duc d'Esclignac, une dotation de 12,000 fr. comme Pair.

Le Duc de Feltre, une dotation de 12,000 fr. comme Pair.

Le Comte Feutrier, ses traitemens d'Évêque de Beauvais.

Le Duc de Fitz-James, ses traitemens de Maréchal-de-camp, de premier aide-de-camp du Roi, une dotation de 12,000 fr. comme Pair, et une indemnité de 176,000 fr. comme émigré.

Le Marquis Forbin-des-Essarts, ses traitemens de Maréchal-de-camp.

Le Comte Frayssinous, Ministre d'état, ses traitemens comme Évêque, comme premier aumônier du Roi ; et comme chargé de la Feuille des bénéfices.

Le comte de Germiny, une indemnité de 54,000 fr. sur le milliard.

Le Baron Glandevez, les traitemens de Maréchal-de-camp, de Gouverneur du palais des Tuileries ; une dotation de 12,000 fr. comme Pair, et une indemnité de 72,000 fr. sur le budget.

Le Marquis de Gourgues, son traitement comme Gentilhomme de la Chambre, et une indemnité de 139,000 fr. sur le milliard.

Le Marquis Gouvion-Saint-Cyr, Ministre d'état, 40,000 fr. comme Maréchal de France.

Le Duc de Grammont, 40,000 fr. comme Capitaine des Gardes; son traitement de Lieutenant-général, gouverneur de la 11e division militaire ; une dotation de 12,000 fr. comme Pair.

Le Comte Guilleminot, ses traitemens d'Ambassadeur, Lieutenant-général, Directeur-général du dépôt de la Guerre, Inspecteur-général du corps des Ingénieurs géographes, et comme Pair une dotation de 12,000 fr.

Le Duc d'Harcourt, Officier général, une dotation de 10,000 f. comme Pair.

Le Duc d'Havré (Croï-Solre), 40,000 fr. comme Capitaine des Gardes; 10,000 fr. de dotation comme Pair et comme émigré, plus d'un million et demi sur le milliard (1,569,562 fr.)

Le Comte d'Hoffelize, son traitement de Maréchal-de-camp, et 201,507 fr. d'indemnité sur le milliard.

Le Comte d'Imecourt, son traitement de Colonel d'état-major, et 76,736 fr. d'indemnité sur le milliard.

Le Cardinal Isoard, ses traitemens de Cardinal et d'Archevêque d'Auch.

Le Marquis de Jaucourt, ses traitemens de Ministre d'état.

Le Comte Jourdan, 40,000 fr. comme Maréchal de France; son traitement de Gouverneur de la 7e division militaire; une dotation de 10,000 fr. comme Pair.

Le Comte de Kergariou, son traitement de Conseiller d'état, 16,000 fr.

Le Comte Louis de Kergorlay, sur le milliard une indemnité de 157,544 fr.

Le Comte Florian de Kergorlay, 329,792 fr. sur le milliard d'indemnité.

Le Baron Labouillerie, son traitement de Ministre d'État Intendant-général de la maison du Roi.

Le Comte de Labourdonnaye, une indemnité de 332,025 fr. sur le milliard, et comme Pair une dotation de 12,000 fr.

Le Duc de Lafare, ses traitemens de Cardinal-Archevêque de Sens, de premier Aumônier de madame la Dauphine, et de Ministre d'état.

Le comte Delaferronaye, Ministre d'état, sa pension comme Ministre en retraite; 263,445 fr. sur le milliard d'indemnité, et comme Pair, une dotation de 10,000 fr.; plus, au même titre, 2000 fr.

Le Duc de Laforce, 835,451 fr. d'indemnité sur le milliard; son traitement de Maréchal-de-camp, et comme Pair, une dotation de 12,000 fr.

Le Marquis de Laguiche, 737,308 fr. d'indemnité sur le milliard.

Le Vicomte Lainé, comme Pair, une dotation de 12,000 fr. On ignore ce qu'il touche comme Ministre d'état et comme Président de la commission des invalides de la marine.

Le Marquis de Lally-Tollendal, de l'Académie française, son

traitement de Ministre d'état; comme Pair, une dotation de 10,000 fr. ; sur le milliard, une indemnité de 21,814 fr.

Le Marquis Laplace, son traitement de Lieutenant-colonel de l'artillerie de la garde royale et de Gentilhomme de la chambre.

Le comte Laroche-Aymon, son traitement de Lieutenant-général, et comme Pair, une dotation de 16,000 fr.

Le Duc de Larochefoucauld, son traitement de Maréchal-de-camp, et sur le milliard, une indemnité de 1,314,742 fr.

Le baron de Larochefoucauld, ses traitemens de Lieutenant-général, Gouverneur de la 12e division militaire et de Membre du grand conseil d'administration des invalides; comme Pair, une dotation de 12,000 fr. ; comme émigré, une indemnité de 2,212,428 fr. sur le milliard, tant pour lui que pour la baronne.

Le Marquis de Larochejaquelein, son traitement de Maréchal-de-camp dans la garde royale; comme Pair, une dotation de 10,000 fr.

Le Marquis de Lasuze, ses traitemens de Lieutenant-général, de Grand-maréchal-des-logis du palais; et comme pair, une dotation de 8,000 fr. ; plus, un supplément de 2,000 fr. au même titre.

Le Duc de Latil, ses traitemens de Cardinal, Archevêque de Reims, et de Ministre d'état.

Le Marquis de Latour-du-Pin, son traitement d'Ambassadeur; une dotation de 12,000 comme Pair; et, sur le milliard d'indemnité, un à-compte de 178,238 fr.

Le Marquis de Latour-du-Pin-Montauban, une dotation de 12,000 fr. comme Pair, et son traitement de Maréchal-de-camp.

Le Marquis de Latour-Maubourg, comme Gouverneur des invalides, 40,000 fr. ; à titre de pension militaire, 6,000 fr. ; et de dotation comme Pair de France, 15,000 fr.

Le Duc de Latremoille, son traitement de Lieutenant-Général, et une dotation de 12,000 fr. comme Pair.

Le Marquis de Lauriston, ses traitemens de Maréchal-de-camp, de Gentilhomme de la chambre; et, comme Pair de France, une dotation de 12,000 fr.

Le Duc de Laval-Montmorency, son traitement d'Ambassa-deur à Vienne ; sur le milliard, une indemnité de 529,128 fr.

Le Duc de Lavauguyon, son traitement de Lieutenant-géné-ral ; comme pair, une dotation de 24,000 fr.

Le Comte de Laville-Gontier, son traitement de Premier Gen-tilhomme de la chambre du Prince de Condé.

Le Comte Lecouteulx de Canteleu, une indemnité de 91,746 fr. sur le milliard.

Le Duc de Levis, de l'Académie française, ses traitemens de Maréchal-de-camp, 8,000 fr., de Chevalier d'honneur de MADAME, Duchesse de Berry, de Ministre d'état, 7,000 fr. ; comme Pair de France, une dotation de 2,000 fr. ; comme Membre de la commission de Saint-Domingue, 6,000 fr. ; plus, avec son fils, le Duc de Ventadour, 1,173,674 fr. sur le milliard d'indemnité.

Le Duc de Lorge, comme Pair, une dotation de 12,000 fr. ; avec la duchesse, sur le milliard, une indemnité de 1,641,902 fr.

Le Duc de Luxembourg, son traitement de Lieutenant-gé-néral ; comme Capitaine des gardes, 40,000 fr. ; comme Pair, une dotation de 10,000 fr.

Le Marquis Mac-Mahon, sur le milliard, une indemnité de 948,531 fr.

Le Comte de Maquillé, une indemnité de 108,488 fr. sur le milliard.

Le duc de Maillé, ses traitemens de Maréchal-de-camp, de Premier Aide de-camp du Roi, de Gouverneur du château de Compiègne ; comme Pair, une dotation de 12,000 fr. ; une indemnité de 594,798 fr. sur le milliard.

Le Marquis de Maison, 40,000 fr. comme Maréchal de France, et une dotation de 12,000 fr. comme Pair.

Le Marquis de Marbois, ses traitemens de Premier Président de la Cour des comptes et de Ministre d'état.

Le Duc de Massa, son traitement de Gouverneur de la banque de France.

Le Marquis de Mathan, son traitement de Maréchal-de-camp; et, sur le milliard, une indemnité de 450,750 fr.

Le général Maurice Mathieu de la Redorte, son traitement de Lieutenant-Général.

Le Comte de Mesnard, ses traitemens de Maréchal-de-camp, de Premier Écuyer de MADAME, Duchesse de Berry, et d'Aide-de-camp du Duc de Bordeaux ; une dotation de 12,000 fr. comme Pair de France.

Le Comte Molé, son traitement de Ministre d'état.

Le Comte Molitor, 40,000 fr. comme Maréchal de France, Membre du conseil supérieur de la guerre ; comme pair, une dotation de 12,000 fr.

Le Comte Mollien, comme Pair, une dotation de 10,000 fr. (M. le Comte Mollien fait partie de plusieurs conseils et commissions.)

Le Comte Montausier de Saint-Maur, une dotation de 12,000 fr. comme Pair.

Le Comte de Montblanc, son traitement d'Archevêque de Tours.

Le Comte de Montesquiou, sur le milliard, une indemnité de 343,966 fr.

L'Abbé, Duc de Montesquiou, son traitement de Ministre d'état ; comme pair, une dotation de 15,000 fr.

Le marquis de Monteynard, ses traitemens de Maréchal-de-Camp et de Gentilhomme de la chambre ; comme pair, une dotation de 10,000 fr.

Le Duc de Montmorency, pour la Duchesse de Montmorency, veuve, la Duchesse de Montmorency, née Matignon, et pour lui, 2,716,612 fr. sur le milliard d'indemnité ; comme Pair, une dotation de 10,000 fr. (On dit qu'il y a renoncé.)

Le Comte Morel de Mons, son traitement d'Archevêque d'Avignon.

Le Duc de Mortemart, ses traitemens de Lieutenant-Général, de Capitaine-colonel à l'état-major des gardes-du-corps et d'Ambassadeur.

Le Baron Mounier, son traitement comme Intendant des bâtimens, parcs et jardins de la couronne ; comme Pair de France, 10,000 fr. de dotation.

Le Marquis de Mun, sur le milliard, une indemnité de 363,310 fr.

Le Duc de Narbonne-Pelet, son traitement de Ministre d'état; une dotation de 12,000 fr. comme Pair, et une indemnité de 446,574 fr. sur le milliard.

Le Marquis de Nicolaï, une dotation de 6,000 fr. comme Pair, et une indemnité de 124,808 fr. sur le milliard.

Le Comte de Noé, 6,000 fr. comme Gentilhomme de la Chambre; une dotation de 12,000 fr. comme Pair.

Le Comte d'Orglandes, 6,000 fr. comme Gentilhomme de la chambre.

Le Marquis d'Orvilliers, sur le milliard, une indemnité de 968,392 fr.

Le Marquis de Pange, son traitement de Maréchal-de-camp.

Le Comte de Panisse, sur le milliard, une indemnité de 737,473 fr.

Le Marquis Pastoret, de l'Académie française, ses traitemens de Vice-Chancelier de la Chambre des Pairs et de Ministre d'état.

Le marquis de Perignon, 6,000 fr. comme Gentilhomme de la chambre.

Le Comte de Peyronnet, 12,000 fr. de pension comme Ministre en retraite, et une dotation de 12,000 fr. comme Pair.

Le Comte de Pins. (Nous ignorons ce que vaut l'archevêché d'Amasie.)

Le Duc de Plaisance, son traitement de Lieutenant-Général.

Le Prince de Poix, Duc de Mouchy, son traitement de Lieutenant-général; 40,000 fr. comme Capitaine des gardes; 12,000 fr. de dotation comme Pair; 136,134 fr. sur le milliard pour la duchesse de Mouchy.

Le Prince Jules de Polignac, ses traitemens de Maréchal-de-camp et d'Aide-de-camp du Roi et de Ministre des affaires étrangères.

Le Duc Armand de Polignac, ses traitemens de Maréchal-de-camp et de Premier Écuyer du Roi.

Le Comte Pontecoulant, son traitement de Membre de la commission de liquidation des colons de Saint-Domingue.

Le Comte de Moré de Pontgibaud, pour la Comtesse de Pontgibaud, 249,658 fr. sur le milliard d'indemnité.

Le Baron Portal, ses traitemens de Ministre en retraite et de Membre de la commission supérieure des invalides de la marine.

Le Comte Portalis, ses traitemens comme Ministre en retraite et de premier Président de la Cour de cassation; 10,000 fr. de dotation comme Pair; plus, au même titre, 2,000 fr. de supplément depuis 1828, c'est-à-dire depuis qu'il est Ministre.

Le Comte de Puységur, sur le milliard, une indemnité de 2,084,190 fr.

Le Comte de Quelen, de l'Académie française, son traitement d'Archevêque de Paris.

Le Duc de Raguse, son traitement de Ministre d'état; 40,000 f. comme Maréchal de France, 40,000 fr. comme un des Majors-généraux de la garde royale, de Gouverneur de la 1re division militaire.

Le Marquis de Raigecourt, sur le milliard, une indemnité de 797,345 fr.; comme Pair, une dotation de 16,000 fr.

Le Marquis de Rastignac, comme Pair, une dotation de 12,000 fr.

Le Duc de Reggio, son traitement de Ministre d'état; 40,000 f. comme Maréchal de France; 40,000 fr. comme Major-général de la garde royale; le traitement de Gouverneur de la 3e division militaire; 10,000 fr. de dotation comme Pair; plus, au même titre, 2,000 fr. depuis 1828.

Le Comte Reille, ses traitemens de Lieutenant-général et de Gentilhomme de la chambre.

Le Comte Ricard, 31,000 fr. comme Lieutenant-général commandant la 1re division d'infanterie de la garde royale; 12,000 fr. de dotation comme Pair.

Le Duc de Richelieu, son traitement de Lieutenant-général commandant une des divisions de la garde royale; 12,000 fr. de dotation comme Pair.

Le Duc de Rivière ; comme Pair, une dotation de 12,000 fr.

Le Duc de Rohan , son traitement d'Archevêque de Besançon.

Le Marquis de Rougé, son traitement de Lieutenant-colonel dans l'état-major des gardes-du-corps ; 228,674 fr. sur le milliard d'indemnité.

Le Comte de Rougé, tant pour lui que pour la Comtesse ; 661,953 fr. sur le milliard.

Le Comte Rully, ses traitemens de Lieutenant-général, Aide-de-camp du Duc de Bourbon ; une dotation de 12,000 fr. comme pair ; sur le milliard, une indemnité de 475,110 fr. comme émigré.

Le Duc de Sabran , son traitement de Lieutenant-général ; comme Pair, une dotation de 12,000 fr. ; pour la Duchesse de Sabran , 177,217 fr. d'indemnité sur le milliard.

Le Comte de Saint-Aulaire , 138,514 fr. sur le milliard d'indemnité.

Le Comte de Sainte-Aldegonde , ses traitemens de Maréchal-de-camp et de Lieutenant-commandant des gardes-du-corps, et sur le milliard, une indemnité de 337,910 fr.

Le Marquis de Saint-Mauris , 420,903 fr. d'indemnité sur le milliard.

Le Comte de Saint-Priest , son traitement de Lieutenant-général.

Le Comte de Saint-Roman , une indemnité de 124,941 fr. sur le milliard.

Le Marquis de Saint-Simon , comme Pair, une dotation de 12,000 fr. , et comme ambassadeur son traitement.

Le Comte Salmon du Châtelier, son traitement d'Évêque d'Evreux.

Le Marquis de Sapinaud, une dotation de 12,000 fr. comme Pair.

Le Baron Séguier, son traitement de Premier Président de la Cour royale de Paris.

Le Marquis de Semonville, son traitement comme Grand-référendaire de la chambre des Pairs.

Le Comte de Sesmaisons, une indemnité de 184,284 fr. sur le milliard.

Le Comte Siméon, sa pension comme Ministre en retraite, et 12,000 fr. de dotation comme Pair de France.

Le Comte Sparre, ses traitemens de Lieutenant-général, de Gentilhomme de la chambre, et comme Pair, une dotation de 12,000 fr.

Le Comte Sussy, ses traitemens comme Président de la commission des monnaies et de maître des requêtes.

Le Marquis de Talaru, son traitement de Ministre d'état; 199,036 fr. d'indemnité sur le milliard.

Le Marquis de Talhouet, son traitement de Maréchal-de-camp.

Le Prince de Talleyrand–Périgord, Ministre d'état; son traitement de Grand-chambellan.

Le Duc de Tarente, 40,000 fr. comme Maréchal de France; 40,000 fr. comme Major–général de la garde royale; 40,000 fr. comme Grand-Chancelier de la Légion-d'Honneur; 5,000 fr. comme Gouverneur de la 21e division militaire; 12,000 fr. de dotation comme Pair.

Le Comte de Tournon, 16,000 fr. comme Conseiller d'état et comme Président du conseil des bâtimens civils. -

Le Duc de Trévise, 40,000 fr. comme Maréchal de France et 5,000 fr. comme Gouverneur de la 15e division militaire.

Le Comte Truguet, son traitement de Vice-amiral, et une dotation de 10,000 fr. comme Pair.

Le Duc d'Uzès, comme Pair, une dotation de 12,000 fr., et sur le milliard d'indemnité, pour lui, 802,599 fr., et pour la Duchesse d'Uzès, 832,321 fr.

Le Duc de Valmy, son traitement de Lieutenant–Général, et comme Pair, une dotation de 12,000 fr.

Le Comte de Vaudreuil, comme Pair, une dotation de 12,000 fr.

Le Marquis de Vence, son traitement de Maréchal-de-camp; sa dotation de 12,000 fr. comme Pair de France; sur le milliard, une indemnité de 64,000 fr.

Le Marquis de Verac, ses traitemens de Gouverneur des châteaux de Versailles et de Trianon, et 8o5,381 fr. sur le milliard.

Le Marquis de Vibraye, une indemnité de 732,913 fr. sur le milliard ; ses traitemens de Maréchal-de-Camp et de Chevalier d'honneur de la Dauphine.

Le Comte de Vichy, ses traitemens d'Évêque d'Autun.

Le Marquis de Villefranche, sur le milliard d'indemnité, un à-compte de 15,822 fr.

Le Comte de Villèle, 12,000 fr. de pension comme Ministre en retraite.

Le Comte Villemanzy, son traitement de Membre du grand conseil d'administration des Invalides.

Le Comte de Vogué (Eugène), sur l'indemnité du milliard, pour lui, 132,160 fr., pour la Comtesse, 296,693 fr.

Nota. Sur les cinquante Ministres d'état dont la France s'est enrichie depuis quinze ans, et qui presque tous siégent à la Chambre des Pairs, cinq seulement, dit-on, touchent le traitement de Ministre d'état ; on ne nomme que MM. Barthélemy, Lally-Tollendal, Bourienne, de Brissac et Benoît.

COUPS D'ÉTAT. — GOUVERNEMENT PAR ORDONNANCE. — LES STUART.

Vous avez vu l'Espagne, dépeuplée pendant trois siècles par le despotisme et le monachisme, ne ressaisir, un moment, les libertés qui firent sa grandeur, que pour se les voir ravir de nouveau, au nom de la sainte alliance, par les troupes d'une monarchie constitutionnelle. Vous avez vu la Charte de l'empereur Don Pédro, apportée en Portugal, par un ministre anglais, échangée par un autre ministre d'Angleterre contre un absolutisme ardent, cruel, comme l'âge et le caractère de l'usurpateur Don Miguel : et vous demandez si les Français sont plus que les Portugais, plus que les Espagnols à l'abri de ces conspirations contre les peuples, et de ces renversemens subits ? Je ne puis répondre à une demande si pressante, sans aborder dés questions périlleuses ; et pourtant , je n'hésiterai pas ; vous allez juger à la franchise de mes paroles , de la sincérité de mes sentimens.

On a dit que la gauche et la France sont d'un côté ; la droite et la cour de l'autre.

La première partie de cette proposition est vraie , la seconde me semble d'une exactitude moins rigoureuse. Ce côté de la chambre renferme un grand nombre d'hommes pleins de droiture , de loyauté et aussi sincères dans leurs croyances politiques, que dans leurs croyances religieuses : s'ils se sont trompés souvent, si, après la leçon qu'ils reçoivent, ils pouvaient s'égarer de nouveau , tout en déplorant une erreur fatale , il faudrait encore rendre justice à leur bonne foi. Dans toutes les questions où la violation de la Charte était évidente , vous les avez vus se rallier à la gauche et voter franchement avec elle ; la majorité constitutionnelle qui a formé le bureau, s'est retrouvée pour rejeter le crédit demandé en faveur d'un ministre dilapidateur; elle se retrouvera tout entière et plus forte pour repousser les attaques qui se préparent contre nos droits politiques , et surtout contre le droit électoral déjà faussé si évidemment par le double vote.

A la cour même , tout n'est pas d'une seule nuance et d'une seule opinion. Si la partie caduque ne conçoit , n'admet d'autre régime que celui du privilége et du pouvoir absolu, d'autre gloire que les splendeurs de l'œil de bœuf, d'air respirable que l'air des antichambres et des carrosses à la suite ; si ces têtes vides sont pourtant tellement étroites qu'aucune idée nouvelle n'ait pu s'y loger, et tellement dures que les efforts combinés de la révolution et du temps ne soient parvenus qu'à les dépoudrer, la jeune cour est de son siècle et marche avec lui. Si tu avais un fils, il t'échapperait, disait à un haut et puissant seigneur, un seigneur plus haut et plus puissant que lui. Au château , dans les salons de leurs nobles auteurs, ces fils régénérés sont à la gêne : impatiens des liens de l'étiquette qui les retiennent, ils n'attendent pas toujours que l'heure de les détacher soit venue ; ils les brisent, et courent se jeter dans la foule pour y reprendre le naturel, les franches allures et les libres discours de l'égalité plébéienne.

« La cour, a dit M. B. Constant, est ce qui sépare le prince » d'avec le peuple. Que cette vérité monte jusqu'au trône, la cour » sera vaincue. » Peut-être est-il plus respectueux de dire que beaucoup de vérités ne montent pas jusqu'au trône, mais peut-être aussi il est plus sincère de réduire à un bien petit nombre ces vérités paresseuses.

L'allusion aux Stuart est souvent reproduite dans les discours et dans les écrits, par les uns comme une menace, et par les autres comme une injure; quelles sont les similitudes et les différences entre les circonstances, les temps et les caractères ? C'est ce qu'il importe d'examiner.

L'épée qui frappa Charles Ier fut, comme le poignard qui perça le cœur d'Henri IV, aiguisée par le fanatisme. Ainsi que les prédicateurs de la ligue, les prédicateurs anglicans, du haut de la chaire évangélique, avaient lancé sur la tête du roi les imprécations et l'anathême. La guerre des puritains, contre ce qu'ils appellent encore les superstitions romaines, commença avec le dix-septième siècle, et dura jusqu'à la catastrophe de Wite-Hall; ce qui forme une période de plus de quarante années.

Tout fut politique dans la crise française, ou plutôt, tout fut subit et imprévu comme la peur et la colère. Il s'écoula moins de quatre ans, de l'invasion du palais de justice par des bataillons armés, à la tragédie de 1793.

Les princes anglais, qui depuis régnèrent sous les noms de Charles II et de Jacques II, amenés en France par leur mère, dans un âge encore tendre, y perdirent bientôt le peu de respect pour les droits des peuples dont leur enfance, presque toujours fugitive, avait à peine reçu quelques légères impressions sur le sol natal. Elevés dans l'athmosphère du despotisme et formés à la domination par le précepte et l'exemple, ils revinrent en Angleterre pleins des maximes et des exigeances du pouvoir absolu. Les mauvais sentimens qui perdirent Jacques II, furent tolérés dans Charles II, parce qu'ils étaient dans leur nouveauté; parce que tout près encore des tragiques événemens du dernier règne et de la domination de Cromwell, la vengeance put d'abord prendre le masque de la justice et abattre ses victimes avec le fer des lois ; mais la pitié, qui jamais ne fut repoussée impunément, rentra peu à peu dans les cœurs, ils en étaient si remplis, à l'avénement de Jacques II, qu'un petit nombre d'actes de violence et de déloyauté suffit pour la tourner en colère. Alors, plutôt que de rester aux Stuarts, les Anglais seraient revenus à la république.

C'est en Angleterre que les Bourbons ont passé les années qui ont précédé la restauration ; ils abordèrent cette terre de franchises et de libertés, dans un âge où tout est leçon, et surtout le malheur ; où la réflexion fortifie et mûrit le jugement. C'est, familiarisés avec les idées constitutionnelles, c'est encore émus du spectacle de grandeur, de puissance et de richesses que leur avait offert la monarchie réglée et limitée par les lois, qu'ils revinrent en France.

Entre l'exil des Stuart et leur rappel, 11 années ;

Entre l'émigration et la restauration des Bourbons, 22 ans.

Plus encore pendant le règne de Jacques que sous celui de son prédécesseur, le parlement d'Angleterre fut regardé avec mépris par le prince et par ses flatteurs. A la cour de Jacques, on disait des membres de la chambre des communes, ce qui a été dit des députés des départemens : *Ces gens là ne sont bons qu'à voter le budget.*

La constitution du pays était attaquée ouvertement, après l'avoir été secrètement. Les absolutistes anglicans cherchèrent et trouvèrent dans la Charte anglaise ce que les absolutistes gallicans prétendent avoir trouvé dans l'article 14 de la Charte française : la dictature, le pouvoir dispensatif. Et tel était le découragement des communes, qu'elles envoyèrent à la tour, Coke, député de Derby, parce que, faisant allusion aux paroles hautaines de la couronne, dans la réponse à l'adresse contre le pouvoir dispensatif, il avait dit : « Nous sommes tous Anglais, j'es-
» père, et quelques mots durs ne seront pas capables de nous
» effrayer. »

Digne fils de Charles Ier, Jacques II prétendait que le peuple anglais ne jouissait d'aucune liberté qui ne fût une concession de la couronne, et qu'elle ne fût en droit de retirer après l'avoir octroyée. C'était par sa souveraine autorité, par sa prérogative royale et son pouvoir absolu, auquel tout sujet devait obéissance sans réserve, que S. M. avait jugé à propos d'accorder la tolérance.

Gouverné par la reine et par le jésuite Peters, son confesseur, le roi avait donné à ce jésuite une place dans son conseil privé.

L'Angleterre vit avec indignation la création d'un tribunal ecclésiastique, revêtu d'une autorité sans bornes sur toute l'Eglise d'Angleterre. Les lettres de création portaient expressément que le tribunal devait exercer sa juridiction malgré tous statuts et lois contraires, et procéder sur de simples soupçons.

Des lettres pastorales étaient adressées au peuple par les évêques catholiques.

Quatre seigneurs catholiques furent admis au conseil privé : Powis, Arundel, Bellasis et Dover.

Une ambassade fut envoyée à Rome, et Jacques entretenait des relations secrètes avec la France, qui offrait de mettre des troupes à sa disposition et de lui fournir des subsides.

La liberté dans les discours et les correspondances privées fut appelée licence ; l'autorité traita de libelles les remontrances les plus modérées ; toute opposition fut considérée comme une rebellion, et quelquefois comme une trahison ; il y eut des accusations, des procédures injustes et des condamnations ruineuses : Jefferies était le chef de la justice de Jacques.

Lorsqu'il s'agit de former un nouveau parlement, les dispositions des électeurs furent recherchées par une sorte de commissaires qui avaient pour mission d'exclure les partisans du test et des lois pénales. Les commissaires cherchaient, par des interrogations astucieuses, à découvrir les sentimens secrets des électeurs, afin de juger par eux des membres de la future chambre des communes. Dans plusieurs villes, et notamment à Yorck, les élections furent transférées du peuple aux magistrats.

Les Chartes de Dublin et de toutes les communautés furent

violées pour se rendre maître du parlement d'Irlande, et rem-
placées par de nouvelles Chartes qui assujettissaient les villes et
les bourgs à la volonté du roi : les citoyens protestans furent
chassés et privés de l'exercice de leurs droits.

Des entreprises furent faites contre les universités d'Oxford et
de Cambridge.

Il fut usé de séductions et de menaces envers les membres
du parlement d'Angleterre ; telles furent la faiblesse et la servi-
lité de ce parlement qu'il vota les impôts pour neuf ans.

Enfin Jacques encouragé, ou plutôt poussé à sa perte par la
lâcheté des uns et les perfides conseils des autres, ne craignit
point de porter une main imprudente sur le plus odieux et le
plus périlleux ressort du despotisme ; il eut recours à la force
pour soumettre les volontés. Talbot, général des troupes en
Irlande, fut créé comte de Tyrconnel, et investi de tous les
pouvoirs. Un grand nombre d'officiers furent congédiés ou re-
çurent l'ordre de se retirer parce qu'on les accusait, eux ou
leurs pères, d'avoir servi sous Cromwell ; beaucoup de soldats
furent aussi congédiés comme suspects. Lord Bellasis disait, en
jurant, que Tyrconnel avait la tête assez folle pour ruiner dix
royaumes : il ne ruina que les affaires de son maître. Cet homme
violent se faisait accompagner par Fitton, chancelier du royaume
d'Irlande, qui, pendant long-temps, avait été détenu en prison
pour ses crimes, entre autres celui de faux. Fitton, dit un jour,
dans le siége même de la justice, que sur quarante mille protestans, il n'y en avait pas un qui ne fût un traître, un rebelle
et un infâme.

Le règne de Jacques n'offrait que des entreprises contre tout
ce que la nation anglaise avait de cher et de respectable. Ce
gouvernement ennemi durait depuis près de quatre années, et
les non-conformistes applaudissaient et disaient : *C'est ainsi qu'il
faut gouverner.*

Mais le parti des non-conformistes ne formait pas le vingtième
du peuple anglais.

Mais tant de déceptions et de promesses trahies avaient mis la nation en une telle défiance, qu'à chaque grossesse de la reine les soup-

çons les plus injurieux se répandaient de toutes parts; on disait que pour perpétuer une domination devenue odieuse, Jacques voulait en imposer au monde par un enfant supposé. La première fois, la reine étant accouchée d'une fille, la fausseté de ces bruits fut bien démontrée; mais, lorsqu'elle accoucha d'un fils, les soupçons se renouvelèrent et acquirent une telle violence que le roi tenta de les détruire par des témoignagnes et des documens, sans parvenir, malgré l'authenticité des uns et des autres, à détromper tous les esprits.

Mais la politique de Jacques II n'était pas seulement contraire aux intérêts de l'Angleterre ; elle avait blessé plusieurs puissances qui étaient devenues ses ennemies.

Mais si la nation était éloignée de toute idée de révolte, la désaffection était générale, et du peuple cette désaffection était passée dans l'armée, fatiguée de tant de réformes.

Mais quand tout un peuple désire et cherche un libérateur, il l'a bientôt trouvé

Mais de la désaffection des troupes à leur défection il y a bien près ; quand Churchill quitta les rangs de l'armée, ces rangs se rompirent et allèrent se reformer sous les enseignes d'un prince de cette maison d'Orange que l'histoire aurait pu surnommer libératrice, car, avant la délivrance des Anglais, elle avait opéré celle des Hollandais.

Il y a, sans doute, quelque similitude entre plusieurs de ces faits et d'autres faits que nous avons vus s'accomplir ; mais les faits différens sont en plus grand nombre ; les circonstances aussi sont différentes et les caractères plus différens encore.

On redit des paroles qui peut-être n'ont jamais été dites, ou dont l'accent, mal reproduit, corrompt le vrai sens. Mais les paroles entendues de tous ont une signification non équivoque ; c'est en prenant Dieu et les hommes à témoin de leur sincérité qu'elles ont été hautement prononcées. Tout homme qui ne sera pas rassuré par la bouche pieuse d'où sortiront des promesses si saintes, doit effacer des engagemens humains la parole des rois. Toujours se confier, c'est manquer de prudence ; toujours se défier, c'est manquer de vertu.

Qu'il existe encore des hommes habiles dans l'art de lever les scrupules, et de ce soin incessamment occupés ; que d'autres hommes, dont la vie est une conspiration permanente, méditent des renversemens et de sanglantes catastrophes ; n'en doutez pas. Mais de quoi s'inquiéter ? Est-ce de ce que ces hommes veulent ou de ce qu'ils peuvent ? Des noms d'une triste célébrité, des caractères d'une férocité éprouvée sont cités : qu'importe ? Est-ce dans l'ombre qu'ils marchent ? Un général a parlé de grenadiers et de la journée de Saint-Cloud : c'est, dit-on, un autre Leclerc ; je lui passe cet honneur ; mais son beau-frère, d'où vient-il ? Comment se nomme-t-il ? Où est son Bonaparte ? Et quand les mers rejeteraient sur nos bords un autre conquérant de l'Egypte, un autre vainqueur d'Aboukir, dans quelle caserne trouverait-il des soldats disposés à l'élever sur le pavois ? Nos lynx à vue perçante n'aperçoivent-ils aucune différence entre l'armée telle que nos institutions, nos mœurs et nos vertus l'ont faite, et l'armée du Directoire, mécontente, rebutée par l'abandon et la corruption ? On a tant déraisonné à propos de l'obéissance passive, qu'il a fallu reculer devant les terribles conséquences de ce dogme aveugle de l'absolutisme, et convenir que le soldat, qui recevrait du caporal l'ordre de tuer son sergent, du sergent l'ordre de tuer son officier, du capitaine l'ordre de tuer le colonel, et du colonel l'ordre de tuer son général, devait désobéissance et non pas obéissance à ce commandement. M. le comte de Bourmont lui-même n'admet pas que la sentinelle placée à la porte de l'hôtel de la guerre fût tenue de faire feu sur la voiture du ministre, si cet ordre lui était donné par le commandant du poste de la rue Saint-Dominique.

Vivez donc en toute sécurité sur le sort de vos mandataires ; un nouveau Leclerc ne trouverait pas plus de grenadiers pour forcer les portes du palais de la chambre des députés qu'un nouveau Santerre, des bataillons pour forcer celles du palais des Tuileries. Le vicomte d'Orthez ne connaissait dans la garnison de Bayonne que des soldats et pas un bourreau : aujourd'hui tous les escadrons, tous les bataillons de l'armée française sont de la garnison de Bayonne.

Et quand les cables du vaisseau constitutionnel se rompraient à la fois, il resterait encore l'ancre de salut, [la loi de finance, qui chaque année arme nos *hampden* du droit de refuser tout impôt qui n'aurait pas été librement discuté, librement consenti par les deux chambres et sanctionné par le roi; qui, sans autorisation préalable, les investit du droit de poursuivre devant les tribunaux, comme concussionnaires, les administrateurs qui ordonneraient la levée d'un impôt illégal, les employés qui confectionneraient les rôles et tarifs, et ceux qui tenteraient d'en faire le recouvrement.

Point de Charte, point d'argent, ainsi l'ordonne l'article 48 de l'acte immortel du roi législateur.

Forts de ce seul article, moquez-vous des rêveurs de coups d'état. Le gouvernement par ordonnances n'est à craindre que pour les conseillers de la couronne qui seraient assez insensés pour faire l'essai d'une si haute trahison.

Je suis, etc.

P. S. Les circonstances ont retardé la publication de cette lettre, et forcé d'en modifier quelques parties; commencée sous un ministère, achevée sous un autre, les principes de l'auteur sont restés les mêmes, mais ses argumens sont changés : si, quant aux principes, de M. Portalis à M. de Polignac la différence est peu sensible; qu'y a-t-il de commun entre M. Caux et M. de Bourmont, M. Hyde de Neuville et M. de Vitrolles, M. de Belleyme et M. Mangin?